PARIS

DESCRIPTION

DU PARC

DE BRUNEHAUT.

DESCRIPTION

DU PARC

DE BRUNEHAUT.

Si Brunehaut, comme on croit, fut reine dans ces lieux ;
On n'y reconnaît rien de ce règne odieux,
La nature et les arts en ont changé la face ;
Mais pour en effacer jusqu'à la moindre trace,
Et plonger dans l'oubli son pouvoir infernal,
Faisons-y plus de bien qu'elle n'y fit de mal.

DE VIART.

PARIS.

LE NORMANT FILS, IMPRIMEUR DU ROI,

RUE DE SEINE, N° 8, F. S. G.

1827.

Cette Description est extraite de l'ouvrage ayant pour titre : *le Jardiniste Moderne**, Guide des propriétaires qui s'occupent de la composition de leurs jardins ou de l'embellissement de leur campagne ; par le vicomte de Viart.

* Seconde édition. Un volume in-12 ; prix : 3 fr. Chez N. Pichard, libraire, quai Conti, n° 5, à Paris.

LE PARC

DE BRUNEHAUT.

Cette terre, située sur la route de Paris
à Orléans, et à un mille d'Étampes, tire
originairement son nom de la reine
Brunehaut, qui eut là un château dont
il ne reste plus que quelques fondations

éparses sous terre, où l'on a trouvé, en fouillant, quantité de monnoies romaines, au coin des premiers empereurs, des ustensiles en usage alors, et une statue du dieu Priape, accroupi, de deux pieds de hauteur. Ces découvertes pourroient faire conjecturer que ce lieu étoit habité avant que la reine, dont il porte le nom, l'occupât. Quoi qu'il en soit, les jouissances qu'il procure aujourd'hui ne laissent rien à regretter de son ancien état.

L'avenue qui conduit au manoir est indiquée par une barrière qu'on trouve sur le grand chemin à la 24me borne millière. Cette avenue circulant au milieu des bois, en remontant la pente et suivant les sinuosités d'un petit vallon, excite la curiosité du voyageur, qui se trouve amplement satisfaite par la scène imprévue qui se développe à son extrémité. En effet, le château se présentant sous l'apparence d'un FORT isolé et d'une forme pittoresque, placé sur une pelouse découverte, les belles masses d'arbres élevés qui l'environnent, et le reflet brillant des eaux qu'on aperçoit dans le fond, composent un premier tableau qui dispose favorablement ceux qui viennent visiter ces jardins.

C'est des quatre côtés de l'habitation qu'on jouit pleinement des diverses perspectives qui l'entourent; chacune d'elles a un caractère particulier; et l'art, dans leur composition, a toujours cherché à s'y cacher sous le voile de la nature.

Une des entrées principales de la maison a pour aspect une plantation en futaie d'un effet imposant; ces arbres, plantés par le célèbre Le Nôtre, bravent impunément les efforts du croissant *; rentrés, par succession de temps, dans le domaine de la nature, ils donnent à cette partie une empreinte de majesté.

La vue qui se présente du côté du couchant, se forme, à gauche, par une suite de bois taillis qui couronnent une agréable éminence; ces bois s'entr'ouvrent quelquefois pour laisser pénétrer la vue dans de profonds enfoncements, qui font ressortir avec avantage quelques arbres détachés qui les décorent. Des

* Instrument propre à l'élagage.

masses de pins et de hêtres jetées ensemble sur la pelouse forment la droite de ce paysage, dont le centre est animé par le grand chemin, sans cesse fréquenté, au-delà duquel des groupes d'arbres légers laissent apercevoir dans l'éloignement un coteau cultivé. Ce tableau, caractérisé par la simplicité, n'a pour tout ornement qu'un autel antique posé sur le gazon; premier monument érigé dans ces jardins, et consacré, par le propriétaire, A L'AUTEUR DE LA NATURE.

La perspective qui se dirige vers le nord se fait remarquer par la diversité. Les plantations variées qui l'environnent, et quelques parties de beaux bâtiments ruraux qu'on entrevoit avec intérêt entre des groupes et des massifs produisent un effet très-heureux sur cette scène, enrichie encore par les pentes bien modelées du terrain, le cours d'une rivière ornée de ponts, et un joli lointain.

Sur la quatrième face du château se déploie un paysage du plus grand caractère; des masses d'arbres et d'arbrisseaux à fleurs, composant un bosquet étendu, d'un côté; de l'autre, des groupes d'arbres forestiers, qui forment un bocage, encadrent un vaste tapis vert qui, par une pente douce et gracieuse, s'étend jusque sur les bords d'un lac. La prairie, au-delà, est décorée de plantations qui, par leur disposition combinée, contribuent beaucoup à l'effet du tableau. Une rotonde, d'une bonne architecture,

placée au milieu d'une île, des barques
avec leurs mâts, leurs voiles et leurs
banderoles, la vue et le bruit des eaux
tombant en cascade, des ponts de diffé-
rentes natures, qui fixent les regards, le
mouvement des cygnes nombreux qui se
jouent sur la surface des eaux limpides;
tous ces objets, s'offrant sans confusion,
font éprouver à l'observateur des effets
pittoresques de la nature, les plus
agréables sensations.

Cette première inspection des lieux
fait naître le désir de les visiter particulièrement; les sentiers qui se présentent
de toutes parts en facilitent les moyens.

L'ombre et la profondeur de la grande
futaie semblent d'abord vous inviter.
Après avoir parcouru ces bois l'espace

de trois cents toises, le chemin s'enfonce dans un bois plus fourré, où l'on croit s'égarer, lorsqu'au premier détour la vue se porte dans toute la longueur d'un joli VALLON, coupé par des ruisseaux et des sentiers, et décoré d'objets intéressants.

Le premier qui s'offre à la vue est une colonne d'ordre dorique de trente-six pieds de hauteur; cette colonne, consacrée à la Concorde civile, est surmontée d'une belle statue, en pierre, de cette divinité consolatrice. On avance vers ce monument érigé sur la pelouse, et l'on y lit cette inscription :

CONCORDIÆ CIVIUM

CAROLUS VIART.

M. DCCC.

Sur une autre face du piédestal, on a gravé ces quatre vers d'Horace :

Audiet cives acuisse ferrum,
Quo graves Persæ meliùs perirent;
Audiet pugnas vitio parentum,
Rara juventus.

qu'on peut traduire ainsi :

Les foibles rejetons des familles romaines,
Ces restes échappés à nos fatales haines,
Sauront de leurs aïeux les coupables exploits.
Ils apprendront que Rome, en sa fureur extrême,
Tourna contre elle-même
Ces glaives dont le Parthe eût dû sentir le poids.

Cette conformité des circonstances, en des siècles si éloignés, ouvre une vaste carrière à l'imagination; mais elle revient insensiblement à des idées plus riantes, en réfléchissant que ces malheurs, dont nous avons été témoins, sont

déjà loin de nous ; et que l'union, si né-
cessaire au bonheur des Français, doit
pour toujours en prévenir le retour.

La route, qu'on retrouve près de là,
vous conduit sous la futaie qui borde le
vallon, jusqu'à une source limpide don-
nant naissance à un petit ruisseau qui
s'écoule en baignant les confins d'un
vaste et tranquille bocage, que le chemin pénètre en y rencontrant une fon-
taine, et d'autres courants d'eau qui se
réunissent bientôt après, pour former
une petite rivière que l'on traverse sur
un pont de pierre et de brique, d'architecture moresque, près de l'endroit
où elle se jette dans le lac.

Les bords de cette grande pièce d'eau,
vers lesquels on est naturellement attiré,

offrent successivement divers tableaux,
où le manoir, vu de l'autre côté, entre
souvent comme objet principal.

En s'éloignant du lac, le promeneur
se dirige entre des groupes et des massifs
d'arbres et d'arbustes à fleurs qui, par
leur ingénieuse combinaison, composent un bosquet remarquable, présentant à chaque pas des effets inattendus.
Les intervalles, entre tous les massifs,
forment des clairières variées, ornées
d'arbres rares et précieux, de jolis sentiers, qui parcourent ce bosquet dans
plusieurs directions, contribuent avec
l'éclat des fleurs répandues en abon-
dance, à faire ressortir le vert des ga-
zons; et des eaux limpides, qu'on entrevoit de tous côtés et dont on entend la

chute, procurent dans ces lieux une agréable fraîcheur qui invite au repos. On ne peut quitter un séjour si riant sans former le projet d'y revenir bientôt.

On passe près de là, sur un élégant pont de pierre, la rivière qui arrose l'intérieur des jardins, et qu'on voit un peu plus bas se joindre à celle de Juine. La route, ombragée d'une agréable plantation, suit quelque temps le bord de l'eau, et conduit autour d'un pâturage décoré par quelques massifs d'arbres, parmi lesquels un groupe de pins y forme un temple champêtre au dieu PAN, protecteur des troupeaux. D'un autre côté, des buissons d'épines et d'églantiers sauvages laissent entrevoir quelques parties de murailles qui attirent l'attention. Ce sont

les ruines très-anciennes d'un vieux châ-
teau-fort, dont il ne reste plus que quelques vestiges épars dans les broussailles,
ou répandus sur le gazon. A l'aspect de
ces ruines, on réfléchit naturellement sur
l'instabilité des choses humaines et sur
les ravages du temps; mais on se console
aisément du sort de cette vieille forte-
resse, en lisant les vers suivants tracés
sur une pierre :

Des antiques débris de ces murs, de ces tours,
Si l'œil se plaît encore à suivre les contours,
C'est que loin d'inspirer la crainte ou l'épouvante,
Ils assurent aux champs une paix triomphante.

Le cri des oiseaux de la basse-cour
vient bientôt vous distraire des idées de
destruction qu'on a pu concevoir. Au-
delà d'une belle partie de futaie, qu'il

faut traverser, un assemblage de cons-
tructions pittoresques est occupé par les
divers animaux à qui nous devons les
premières jouissances de la vie champêtre. Le potager, la vigne et les vergers
environnent ces bâtiments, qui n'abritent
que des êtres utiles, et que le philosophe
visite toujours avec quelqu'intérêt.

Le chemin principal monte insensiblement sous la grande masse de pins et de
hêtres, s'étend sur la pelouse vis-à-vis la
maison, et va rejoindre l'obscurité des
bois que l'on parcourt long-temps. Un
pavillon qu'on y rencontre en prévient la
monotonie. Cet agréable réduit, consacré
aux muses, ou au repos, est un hommage
rendu au poëte harmonieux des jardins;
le buste de Delille en orne la façade, et

l'on y lit sur un marbre, placé au-dessous,
ces vers tirés d'un de ses poëmes :

Heureux qui dans le sein de ses dieux domestiques,
Se dérobe au fracas des tempêtes publiques;
Et, dans un doux abri trompant tous les regards,
Cultive ses jardins, les vertus et les arts.

L'intérieur de ce pavillon est d'un genre convenable à sa situation, et contient les choses suffisantes aux courts instants qu'on peut s'y arrêter.

On descend dans les bois jusque sur les prairies, que l'on traverse pour arriver à un moulin. Cette fabrique, d'un grand effet, a l'avantage de réunir l'utile à l'agréable; les deux roues que l'eau y met en mouvement, sont d'un assez bon produit, et forment, avec la masse des bâtiments qui composent l'établissement, un ensemble très-pittoresque.

Plus bas, un simple asile de construction rustique, et sur le bord des eaux, renferme des filets et tous les instruments de la pêche. Vous vous arrêtez involontairement à cet endroit, qui offre un joli point de vue et une fraîcheur délicieuse.

Le cours de la rivière indique naturellement celui du sentier qui la suit assez long-temps; si l'on s'en écarte pour percer au fond d'un grand massif touffu et planté d'ifs qui disposent au recueillement en annonçant un monument de deuil, on en revient toujours pénétré d'un profond sentiment de mélancolie.

La rivière, un peu plus loin, forme un grand circuit où un banc se trouve placé vis-à-vis le confluent de la Juine; on y jouit d'agréables échappées de perspective, qui se succèdent sur la route, jusqu'au moment où la vue se déploie en liberté sur la surface transparente des eaux du lac, qu'on voit de là dans presque toute son étendue.

Parmi les différents objets qui ornent cette scène, le temple, bâti dans l'île, fixe particulièrement les regards. Une barque, qui s'offre à la rive, engage à l'aller visiter.

Ce temple, consacré à l'Amitié, est décoré extérieurement de trois portiques, et des statues des plus illustres amis célébrés par l'antiquité. L'intérieur, d'une noble simplicité, renferme trois grandes tables saillantes, où sont inscrits les noms du possesseur de ces jardins, des membres de sa famille, et ceux de leurs plus fidèles amis.

Après s'être livré au plaisir de s'exercer sur l'eau, on peut, en allant débarquer dans le fond d'une grande baie, remonter au château, en traversant une partie du bosquet ou bocage des fleurs, et en passant le pont de bois jeté sur la rivière, qui sort du lac, qu'on voit tomber en cascade, et d'où l'on jouit d'un des aspects le plus attrayant que le parc renferme.

Au retour de cette promenade on observe, avec un nouvel intérêt, les principaux tableaux qui environnent l'habitation, et l'on juge mieux encore L'ENSEMBLE de tous les objets de cette composition.

FIN

I